Ulrike Schäfer

Liebesgedichte
für die Handtasche

novum ◢ pro

www.novumverlag.com

Bibliografische Information
der Deutschen Nationalbibliothek:

Die Deutsche Nationalbibliothek
verzeichnet diese Publikation in
der Deutschen Nationalbibliografie.
Detaillierte bibliografische Daten
sind im Internet über
http://www.d-nb.de abrufbar.

© 2020 novum Verlag

ISBN 978-3-99107-072-6
Lektorat: Susanne Schilp
Umschlagfotos: Miraswonderland,
Ales Utouka | Dreamstime.com
Umschlaggestaltung, Layout & Satz:
novum Verlag
Autorenfoto: Ulrike Schäfer

Gedruckt in der Europäischen Union
auf umweltfreundlichem, chlor- und
säurefrei gebleichtem Papier.

www.novumverlag.com

Inhaltsverzeichnis

Danksagung

Bedanken möchte ich mich bei meiner Tochter Lydia Rexhäuser für das Vorablesen meiner Gedichte. Deine Korrekturvorschläge, dein spontanes Feedback und deine Unterstützung am Laptop waren mir eine große Hilfe. Danke auch an meinen stets hilfsbereiten, kompetenten und geduldigen Enkel Deniz Schäfer, der mich mit seinem Glauben an meine Fähigkeiten motivierte, das Projekt in die Tat umzusetzen und stets bereit war, mich dabei am Laptop zu unterstützen, besonders durch einscannen und versenden von Unterlagen, egal wie viel er selbst gerade für das Gymnasium zu tun hatte, er hat es irgendwie immer trotzdem geschafft. Danke Deniz! Danke auch an meine Autorenbetreuerin, die mich von Seiten des novum Verlages her Schritt für Schritt zuverlässig und klar zum Ziel führt und auf alle meine zahlreichen Fragen eine Antwort weiß. Und auch an den Lektor, der es immer wieder schafft, alles in eine gute Form zu bringen. Ihr alle seid unentbehrlich für den Erfolg meiner Arbeit!

Zweifel

Wenn ich Dir mein Herz jetzt schenke
bleibt sein Schatten nicht bei mir
Werd ich unruhig werd ich flattrig
fauch ich wie ein wildes Tier

Wenn ich Dir mein Herz jetzt schenke
hast Du's ich bin nicht mehr frei
Werd ich zittern werd ich warten
wie eine Marionette an Fäden sein?

Hoch und nieder die Gefühle
Ganz wie eines Vogels Bahn
Wenn ich Dich nicht bei mir spüre
fühlt sich alles unecht an

Doch nur warten und nur zaudern
manchmal schreib ich ein Gedicht?

Mal des Lebens Wagnis spüren
Dich nur einmal zu berühren
sich dazu fast selbst verführen
etwas andres lohnt sich nicht.

Lebenshunger

Ich möchte nicht gelebt werden
ich möchte selber leben
Ab heute sag ich ich will
Ich will euch jetzt nichts geben

Meine Gefühle möchte ich spüren
für mein Glück ist mir jetzt kein Zweig zu weit
Jetzt gerade jetzt möchte ich leben
Egal ob allein oder zu zweit.

Vision

Wenn wir nicht zwei Menschen wären
dann wären wir ein Vogel
Wir würden fliegen glaube ich
glaub nicht dass ich jetzt mogel

Wir würden unsere Flügel schwingen
würden leichte Lieder singen
würden duellieren

Wir wären eins
wir fühlten gleich
wir würden nie verlieren

Doch weil wir nur zwei Menschen sind
kann ich es nicht kapieren
dass wir die Liebe dann und wann
aus unserem Sinn verlieren

Ich möchte Deine Freundin sein
und ohne Für und Wider
schließ ich Dich in mein Herz mit ein
und hoff Du gehst nie wieder.

R.

Deine Augen sind wie Flügel
Flügel Deiner warmen Seele
Ausdruck Deiner zarten Liebe
zu mir

Wenn ich Deine Augen sehe
wage ich
Schritt für Schritt
Dir zu vertrauen
mich fallen zu lassen
in Deine Geborgenheit

Aber ich sehe auch einen Menschen
mit viel innerer Stärke vor mir
ein Mensch der Visionen und Ziele hat
und sie nicht aufgeben will

Und dann weiß ich
dass ich stark genug werden muss
mitzufliegen
und ich stelle mich in die Sonne
um meine Flügel trocknen zu lassen
weil ich fliegen will
mit dir.

Eine Affäre

Wir haben aneinander vorbeigelebt
wir hatten verschiedene Ziele
verschiedene Träume
verschiedene Vorstellungen vom Glück

Wir haben eine Zeit nur gemeinsam verlebt
vertagten uns und fanden kein Glück

Keine Zeit Dir Gefühle zu offenbaren
kein Glück das gemeinsam empfunden wird
Zu zweit wollten wir uns gegen
den Rest der Welt verwahren
und doch war es nichts als ein langer Flirt

Ich habe geträumt mit Dir zu erwachen
und sah doch nur mich aus dem Bett aufstehn
Ich würde so gern nochmal mit Dir lachen
ich würde so gern Deine Welt verstehen.

Das Wunderbare

Mein bebender Körper
auf hauchdünner Seele
verrät Geschichten
mein Leben zugleich

Ich wollte lieben
nicht nur in Stille
wollte pulsieren
das war mein Wille

Ich wollte leben
würd mich dafür geben

Leben = Intensivstation

Wenn ich Dich fühle
glaub ich ich wühle
in einem Felsen oder Beton

Doch ich kann nicht gehen
nicht mehr ruhig stehen
ohne Verletzung komm ich
nicht mehr davon

Ich will Dich spüren
höre Dich atmen
fühle, dass Du jetzt mein Leben sein wirst

Ich kann nicht gehen
will zu Dir stehen
auch wenn Du mich nie lieben wirst

Denn was ist schon Schönheit
und Wissen und Wille
gegen den Atem den Duft Deiner Haut

Ist im Beton auch nur eine Rille
wird dort ein Nest für einen Vogel gebaut

Und lernt er fliegen lernt er zu sprechen
lernt er zu lieben so liebt er auch mich
Ich kann gut kämpfen das weiß ich sicher
ich wollt nur sagen ich kämpfe um Dich.

Weltschmerz

Du ich glaub das kennst Du nicht
ein Weltschmerz der Dir fast das Herz zerbricht

Du hast kein Lächeln auf dem Mund
ernährst Dich extra ungesund
kannst nicht klar denken fühlst im Kreis
doch trotzdem fühl ich und ich weiß

Ich hab ein Herz das ist gesund
geht weil es fühlt nie auf den Hund
und das ist für mich auch ein Grund
zu fühlen total kunterbunt.

Sehnsucht

Während Du schliefst
habe ich über uns nachgedacht
und berührte ganz leicht
fast aus Versehen
Dein Gesicht

Während Du schliefst
lag ich noch in meinen Tagträumen wach
und mein Schatten fiel über Dich
während Du schliefst

Manchmal halte ich mich
in Gedanken fest bei Dir
fahre mit meinen Händen
erst über mein und dann
wenn die Sterne kommen
über Dein Gesicht

Und ich will reden mit Dir
einstimmen in einen Kanon der Poesie
Ich stellte mir immer schon Deine Stimme vor
während Du schliefst

Aber noch kann ich es Dir nicht sagen
Dir meine Seele nicht offenbaren
denn Du schläfst ja noch.

Hauch der Zerbrechlichkeit

Zart und zerbrechlich wie eine Blume
steht unsere Liebe auf hauchdünnem Eis
Irgendwie denk ich es fehlt der Boden
wir sind zu heiß für diese Schicht Eis

Irgendwie fühle ich wie alles wackelt
dieses Gerüst der Sehnsucht zugleich
Und manchmal spür ich dass ich nur träume
auch wenn ich nichts von der Fortsetzung weiß

Schillernde Farben der Emotionen
rücken die Liebe in strahlendes Licht
Doch manchmal fürcht ich dass ich verzweifle
wenn dieses Licht in der Dunkelheit bricht

Niemand kann ahnen nicht heut und nicht morgen
was aus der Blume in Zukunft mal wird
Für meine Seele werde ich sorgen
doch erst ab morgen jetzt bin ich verwirrt.

Meine Wünsche

Ich wünsch mir einen Mann
wie ein Fels in der Brandung
mit starkem Charakter
und zarten Fingerspitzen

Leidenschaftlich wie die Flut im Meer
doch zurückhaltend wie ein Gentleman

Ich wünsch mir ein Kind mit fröhlichem Lachen
dem ich nicht mehr sein will
als der Wind zu seinen Träumen
aber auch nicht weniger

Ich wünsche mir warmherzige Eltern
und Geschwister
die ihre eigenen Wege gehen
ohne mich zu vergessen

Ich wünsche mir innere Kraft und Stärke
das zu verwirklichen was mir wichtig ist
ohne meine Träume zu verlieren.

Manchmal

Manchmal möchte ich nochmal leben
mit anderen Eltern ein anderes Ich

Andere Wirklichkeiten erleben
anderen Menschen meine Liebe geben
anderen Zielen entgegenstreben
anders geformt sein möchte ich

Dann wäre ich ein Kind gelassener Eltern
die mich nicht nur lassen aus Verlegenheit
und könnte von dort aus anders agieren …
denn neuer Raum gibt neue Zeit.

Untitled

Jeder Teil meines Lebens
hat seine eigenen
Wahrheiten
Unwahrscheinlichkeiten
Werte

Jeder Teil dieser Wirklichkeiten
rief mich oft
zur Ordnung
zur Unordnung
erleichterte
erschwerte

Ständig ein Kampf
doch nie ohne genießen
ständig die Flucht
und das sich stellen zugleich

Manchmal die Blumen
der anderen gießend
doch meistens in meinem
eigenen Reich.

Lydia

Mein Kind –
zart und zerbrechlich
wie roter Mohn
und doch
für mich und für mein Leben

ein Fels in der Brandung
eine sichere Hand
die mich schon lenkte
als sie noch in meinem Bauch war

Mein Kind –
auf dessen Augen
ich mehr hörte
als es meine Eltern
mit ihrer Stimme je vermochten

Lydia,
unsere Gefühle, Schicksale, Gedanken
sind miteinander verflochten.

Meine Lydia

Ich werde nie verzichten können …

auf Deine weiche Stimme
Deinen warmen Atem
Deine weiche Haut

Denn wenn ich je verzichten könnte …
freiwillig?!
Was hätte mich je an Dir erstaunt?

Ohne Deine Gefühle kann ich nicht atmen
ohne Dich zu leben wäre vor mir selber fliehen

Ich glaube von jedem Teil der Erde
würde ich meine Sachen packen
und zu Dir ziehen …

Frank

Zart sind die Wimpern
und kühn ist die Stirn
fliehend sein Kinn
wie ein ängstliches Kind
hart sind die Muskeln
wie Mauern im Wind

Zäh ist der Geist
der gut denken kann
und warm ist das Herz
das tief fühlen kann

Groß die Gestalt
und zart ist die Haut
Seltsam dass so
ein Mann gebaut

Seltsam dass mein Gefühl
so lang bleibt
Seltsam dass es mich
zu ihm treibt

Fast unheimlich
wie er mich
das Fühlen lehrte

Befremdend
dass er immer
wiederkehrte

Mal war ich
für ihn heilig
und mal für ihn
ein Luder

Ich sehe es anders
er ist mein Bruder.

Deine Hand auf meiner Schulter

Deine Hand auf meiner Schulter
Deine Augen ein Versprechen
sprachlos doch nicht tonlos
still gebändigt Deine Leidenschaft

Deine Hand auf meiner Schulter
tröstend meinen Schmerz verstehend
fühlend kraftvoll und versprechend
dass ein gutes Ende naht

Deine Hand auf meiner Schulter
warm und schwer voller Liebe
Zärtlichkeit ist keine Frage
wenn man wahrhaft fühlen kann

Deine Hand auf meiner Schulter
die mich liebevoll begleitet
die nicht loslässt wenn ich falle
und mich hält nicht gehen lässt

Deine Hand auf meiner Schulter
keine Frage Du bist bei mir
Denn Du kannst nicht so weit gehen
dass ich Dich nicht mehr spüren kann

Deine Hand auf meiner Schulter
auch wenn ich erwachsen werde
deine Hand auf meiner Schulter
es ist gut, dass es sie gibt.

Du fehlst

Ich vermisse Dein Lachen
und auch Deine Nähe
ich vermisse Momente
in denen ich Dir in die Augen sehe

Mir fehlt der Klang Deiner Stimme
die Wärme Deines Körpers
Deine Präsenz
Du fehlst

Ich kann nur an Dich denken
Dir keine Wärme schenken
Ich greife ins Leere
wie ich Dich entbehre!

Ich sehn mich nach Dir
aber Du bist nicht hier
Ich fühl mich so leer
Du fehlst.

Wieder alleine

Mit Dir zusammen zu sein
war wie eine lange Umarmung
Jetzt da Du nicht mehr bei mir bist
ist es kälter und fühlt sich so einsam an

Oft schaue ich mich um
ob ich Dich sehe
absichtlich oder zufällig
in meiner Nähe stehen

Doch auch wenn die Gegenwart
kleinlich ist und uns keine Gemeinsamkeiten gönnt
bleibt mir die Kraft meiner Gedanken und Empfindungen
und die Erinnerungen wie schön es war
in Deiner Nähe zu sein.

Untitled

Ich habe das alles nicht gewollt
die Zeit Dein Begehren die Zweisamkeit
und doch ist alles da gewesen
unerwartet plötzlich

Mit einer nicht wiedergutzumachenden Härte
die ich auch Absoludität
Intoleranz der Forderungen
nennen könnte

Und ich war eigentlich erstaunt
wie viel Licht sich
neben dem hochbeschwörten Schatten
doch verbarg

Denn Deine Augen die mit der Zeit
Deinen Wandel vom Egoismus
über das Bedauern
bis zur Zärtlichkeit offenbarten

machten in meinen Augen
mit der Zeit
doch sehr viel
wieder wett

Ich musste mich
von meiner eigenen Absoludität
verabschieden
um Konsequenzen zu ziehen

Du, nur Du

Du hast mir nie einen Rosengarten versprochen
Du hast mir nie Diamanten geschenkt
und trotzdem hast Du mein Herz gebrochen
so dass ich jetzt immer an Dich denk

Du hast ne andere festere Freundin
nicht nur vom Po sondern auch wohl vom Herz
trotzdem hast Du zu oft mit mir gesprochen
Du hast gebrochen mein kleines Herz

Du kreist jetzt oft nachts in meinen Träumen
als Supermann und chaotisch zugleich
neulich hast Du so nach Rosen gerochen
und kaum gesprochen das war mir gleich

Du hast ein Herz und ich eine Seele
beides schlägt endlos Dreivierteltakt
Wir können tanzen doch wenn ich Dich wähle
niemals vermähle Dich in dieser Nacht.

Warum ich Dich liebe

Auch Dein Zögern ist mir vertraut
nicht nur der warme Duft Deiner Haut
Ich mag es auch wenn Deine Augen lachen
an Dir gefallen mir viele Sachen

Ich mag auch die männliche Kraft Deiner Arme
wenn Du mich zärtlich in ihnen wiegst
Nicht nur in der Nacht sondern auch noch am Tage
wenn Du mit mir spazieren gehst

Wenn Du bei mir bist bist Du ganz da
mit halben Herzen liebst Du nicht
Das macht mich sicher dass ich Dich liebe
deshalb schrieb ich Dir dieses Gedicht.

EIN HERZ FÜR AUTOREN A HEART FOR AUTHORS À L'ÉCOUTE DES AUTEURS MIA KAPΔIA ΓIA ΣYΓΓPA
HARTA FÖR FÖRFATTARE UN CORAZÓN POR LOS AUTORES YAZARLARIMIZA GÖNÜL VERELIM SZÍV
ORE PER AUTORI ET HJERTE FOR FORFATTERE EEN HART VOOR SCHRIJVERS TEMOS OS AUTOF
ZÖINKÉRT SERCE DLA AUTORÓW EIN HERZ FÜR AUTOREN A HEART FOR AUTHORS À L'ÉCOUT
AÇÃO BCEЙ ДУШОЙ K ABTOPAM ETT HJÄRTA FÖR FÖRFATTARE À LA ESCUCHA DE LOS AUTOR
EURS MIA KAPΔIA ΓIA ΣYΓΓPAΦEIΣ UN CUORE PER AUTORI ET HJERTE FOR FORFATTERE EEN H
ZARLARIMI CÖINKÉRT SERCE DLA AUTORÓW EIN HERZ FÜR
SCHR ÃO BCEЙ ДУШОЙ K ABTOPAM ETT HJÄRTA FÖR

Die Autorin

Ulrike Schäfer kam 1968 in Baden-Württemberg zur Welt, wo sie auch heute noch lebt und als Erzieherin arbeitet. Schon früh entdeckte sie, dass sie ihre Gefühle gut in Worte fassen und zu Papier bringen kann. Seitdem geben ihr das Schreiben – wie auch das Lesen – die nötige Ruhe und inspirierende Kraft. „Das sind zwei starke Antriebsfedern meines Herzens", sagt sie selbst. Von Ulrike Schäfer wurden bereits zwei Gedichte und eine Kurzgeschichte in Zeitschriften und eine Kurzgeschichte in einer Anthologie veröffentlicht.

novum ⌂ VERLAG FÜR NEUAUTOREN

Der Verlag

Wer aufhört besser zu werden, hat aufgehört gut zu sein!

Basierend auf diesem Motto ist es dem novum Verlag ein Anliegen neue Manuskripte aufzuspüren, zu veröffentlichen und deren Autoren langfristig zu fördern. Mittlerweile gilt der 1997 gegründete und mehrfach prämierte Verlag als Spezialist für Neuautoren in Deutschland, Österreich und der Schweiz.

Für jedes neue Manuskript wird innerhalb weniger Wochen eine kostenfreie, unverbindliche Lektorats-Prüfung erstellt.

Weitere Informationen zum Verlag und seinen Büchern finden Sie im Internet unter:

www.novumverlag.com

Zeitfracht Medien GmbH
Ferdinand-Jühlke-Straße 7
99095 Erfurt, Deutschland
produktsicherheit@kolibri360.de